**저자 소개**

글쓴이 양연주

대학에서 문예창작을, 대학원에서 아동문학을 공부했어요. 제6회 MBC 창작동화대상을 받으며 동화를 쓰기 시작했고, 아동문예문학상을 받았어요. 지금은 대학에서 아동문학을 가르치며, 어린이들에게 들려줄 재미난 이야기 소재를 찾아 열심히 동화를 쓰고 있답니다. 지은 책으로 『꼬마 사서 두보』, 『반갑다! 학교야』, 『욕쟁이 찬두』, 『내 이름은 안대용』, 『편지 속의 틀니』, 『궁전 빌라에는 평강공주가 산다』, 『자라나는 돌』 등이 있어요.

그린이 정주현

대학에서 시각디자인을 공부하고, 어린이 교육 프로그램을 개발하는 회사에서 일했어요. 산과 들에서 보낸 어린 시절의 감성으로 따뜻한 그림을 그리고 있답니다. 그린 책으로 『정약전과 정약용』, 『거품괴물은 무서워』, 『깨비의 요술 배꼽』, 『설날까지 일곱 밤』, 『양심』, 『동방삭 이야기』 등이 있어요.

| 창의력을 길러주는 머스트비 역사 인물 그림책 |

조선선은 쌩쌩 달려가 최영희 글 | 유영주 그림
초희가 썼어 최영희 글 | 곽은숙 그림
음치 평숙이, 소리꾼 되다 강경아 글 | 유영주 그림
박제가는 똥도 궁리해 신현경 글 | 박연경 그림
쩌렁쩌렁 박자청, 경회루를 세우다 허윤 글 | 김주경 그림
변상벽, 말은 더듬지만 그림은 완벽해 최형미 글 | 이창민 그림
장영실, 하늘이 낸 수수께끼를 푼 소년 박혜숙 글 | 이지연 그림
정약전과 정약용 홍기운 글 | 정주현 그림
떴다 떴다 비거, 날아라 정평구 안영은 글 | 안선형 그림
전국 방방곡곡 어사 박문수가 간다 박민호 글 | 이지연 그림
쉽고 즐겁고 재미있는 어린이책을 만든 장혼 박혜숙 글 | 이창민 그림

조선시대 여성 실학자 빙허각 이씨 총명한 이씨 부인은 적고 또 적어

초판 1쇄 발행 2014년 11월 30일 · 2쇄 발행 2017년 4월 30일

글 양연주 | 그림 정주현 | 펴냄 박진영 | 편집 김윤정 | 디자인 su: | 마케팅 정소정 | 제작 이진영
펴낸곳 머스트비 | 등록 2012년 9월 6일 제396-2012-000154호 | 주소 경기 파주시 심학산로 12 신영사 302. 대한민국
전화 031-902-0091 | 팩스 031-902-0920 | 이메일 mustb0091@naver.com | 블로그 http://blog.naver.com/mustb0091

잘못된 책은 구입하신 곳에서 바꿔드립니다.
책값은 뒤표지에 있습니다.

ISBN 978-89-98433-31-4 73810

ⓒ 2014 글 양연주, 그림 정주현

이 도서의 국립중앙도서관 출판시도서목록(CIP)은 서지정보유통지원시스템 홈페이지(http://seoji.nl.go.kr)와
국가자료공동목록시스템(http://www.nl.go.kr/kolisnet)에서 이용하실 수 있습니다.(CIP제어번호: 2014032044)

이 책은 한국출판문화산업진흥원의 2014년 〈우수 출판콘텐츠 제작 지원〉 사업 당선작입니다.

7세 이상 어린이를 위한 책입니다.

조선시대 여성 실학자 빙허각 이씨

총명한 이씨 부인은
적고 또 적어

양연주 글 | 정주현 그림

머스트비

"아버지, 이것 좀 가르쳐 주세요."
어린 소녀가 또 아비를 졸라 대.
"저번에도 가르쳐 줬잖느냐."
다들 여자는 글을 알면 안 된다고 했어.
하지만 아비는 딸의 궁금증을 풀어 주고 싶었지.
"이미 다 외워 버렸어요. 이젠 이 책이 궁금해요."
아, 글쎄 그 사이 책을 또 한 권 골라든 거야.
아비는 어린 딸을 무릎에 앉히고 책을 읽어 주기 시작했어.

아버지 날 낳으시고 어머니 날 기르시고

어느 날, 딸이 방에서 노래하듯 글귀를 읊어.
"아버지 날 낳으시고, 어머니 날 기르시고."
아비가 그 말을 받아서 한자로 말했어.
"부생아신父生我身, 모국오신母鞠吾身."
이번에는 아비가 먼저야.
"독서근검讀書勤儉은 기가지본起家之本이라."
"책을 읽으며 부지런하고 검소하게 사는 것은 집안을 일으키는 근본이라는 뜻입니다."
아비는 대견한 딸의 모습에 그저 감탄할 따름이야.

이 소녀를 아는 사람들은 입을 모아 칭찬했어.
"책 욕심이 그리도 많다 하지 않나."
"선비 찜 쪄 먹을* 실력이니, 여자 선비일세그려."
선비들만 칭찬하는 게 아니었어.
아낙들도 처녀들도 부러워했지.
"여자여도 총명함이 남자한테 뒤질 게 없다지."
"어떤 짝을 만나게 될지 궁금하구먼."
사람들은 만났다 하면 소녀를 칭찬하곤 했어.

*찜 쪄 먹다 | 꾀, 재주, 수단 따위가 다른 것에 견주어 비교가 안될 만큼 뛰어나다.

책 좋아하던 그 소녀가 시집가는 날이야.
집안이 시끌벅적하고 맛난 냄새로 가득해.
"서씨 집안이랑 치르는 혼사라지."
노릇노릇 전을 부치던 아낙이 소곤거렸어.
"아, 그 책 많은 집 말이오? 수천 권이 넘는다지, 아마."
나물을 푸지게 무치던 여인네도 알은척했지.
연지곤지 찍은 새색시 가슴이 울렁거렸어.
얼굴까지 발그레 달아오르면서 말이야.
책이 많다는 말만 들어도 좋아서 가슴이 뛰는 거지.

혼사 치른 새색시랑 수염 허연 시할아버지가 마주 앉았어.
"『소학』*에서 어떤 구절이 네 맘에 들더냐?"
"말이 행동을 앞서면 안 된다는 구절입니다."
새색시가 얼굴을 붉히며 또박또박 답했지.
"참으로 똑똑하고 겸손한 아이로구나. 허허허."
시할아버지는 새색시를 무척이나 대견해 했어.
시할아버지는 소문난 최고 장서가* 집안 서명응*이고,
새색시는 이 씨네 막내딸 빙허각이야.

*소학(小學) | 8세 안팎의 아동들에게 유학을 가르치기 위하여 만든 책.
*장서가 | 책을 많이 모아 둔 사람.
*서명응(1716~1787) | 조선 후기 학자로, 조선 최초로 서양의 천문학과 기하학을 연구함.

빙허각이 또 책에 코를 박고 있어.
글자를 죄다 삼킬 기세야.
새색시가 이러면 어떡하느냐고?
듬직한 신랑도 함께 책에 빠져있는 걸 뭐.
책을 좋아하는 색시가 와서 신랑은 신이 났지.
책이 가득한 집안이니 새색시 빙허각도 좋고.
둘은 마주 앉아 주거니 받거니 시를 나누곤 했어.

세상살이가 만만치 않은 모양이야.
화창한 날이 있으면 비바람 부는 날도 있잖아.
그리 잘나가던 서씨 집안도 형편이 어려워졌어.
벼슬에서 밀려났으니 먹고 살기가 힘들어.
"이사할 수밖에 없구려."
남편 말에 빙허각은 두말없이 짐을 쌌지.
쫓기듯 이사하면서도 책은 빠짐없이 챙겼어.
한양에서 동호 행정*으로 이사 간 거야.

*동호 행정 | 지금의 용산 근처를 가리킴.

살림이 어려우니 항아리까지 바닥을 드러내.
느는 건 걱정이요, 한숨이지.
그렇다고 가만히 있을 빙허각이야?
"누에를 키워봐야겠어요."
빙허각은 팔을 걷어붙였어.
하지만 누에가 스스로 자라주는 건 아니지.
'어떻게 시작해야 할까? 총명함이 무딘* 글만 못하구나.'
빙허각은 이 책 저 책 찾아보고, 또 생각을 기록했어.
하나씩 부딪히면서 일하다 보니 솜씨도 늘어갔어.

*무디다 | 매끄럽지 못하고 투박하다.

그 뒤로 빙허각은 책에서 찾은 것을 한곳에 적어뒀어.
이 책 저 책 찾을 필요가 없도록 말이야.
"뭘 그리 적으시오?"
종이에 뭔가를 적는 빙허각에게 남편이 물어.
"어제 누에를 먹이다가 생각난 것을 적어요.
적어두지 않으면 잊어버리고 또 찾게 되잖아요."
"맞는 말이구려."
남편은 먹을 갈고, 아내는 글을 썼어.
둘은 사랑하는 부부였지만,
이럴 땐 아주 가까운 친구처럼 보였지.

"올해는 면화가 풍년이구려."
남편 말에 빙허각 얼굴도 솜처럼 몽실몽실 피어났지.
"작년에는 키만 쑥 커서 면화가 별로 안 열렸어요.
그래서 올해는 길이가 자라면 위를 무질러줬지요.*"

*무지르다 | 한 부분을 잘라 버리다.

작년에 적어둔 걸 보고 올해 면화 농사를 지었거든.
"기록을 해 두었더니 여러모로 유익하구려. 대단하오."
남편은 고맙고 존경스러운 마음에 빙허각 손을 꼬옥 쥐었어.

집안이 어려우니 누에 키우고 차밭 가꾸고 해서 생활을 꾸려나갔어.

사실, 양반집 부인이 돈을 번다는 건 부끄러운 일로 여기던 때였지.

하지만 빙허각 생각은 달랐어.

먹고사는 일이 부끄러운 건 아니라고 생각했거든.

열심히 돈을 벌면서도 돈에 대해서는 깊이 생각했어.

돈은 필요하지만, 위험한 것으로 여겼으니까.

'돈이란 날개가 없는데도 날아다니고, 발이 없는데도 달리는 물건이다.'

빙허각은 이런 생각도 놓치지 않고 기록해뒀어.

"마님, 여쭐 게 있어서 왔어요."

김 대감 댁 똘이 어멈이 쑥떡 한 접시를 들고 찾아왔어.

이맘때면 늘 같은 걸 물으러 오곤 해.

초겨울에 생일인 김 대감 생일상에 올릴 술 때문이거든.

작년에도 재작년에도 이맘때면 같은 걸 물어왔지.

"국화꽃 두 되*를 주머니에 담아서 술독에 담아 두어라."

빙허각이 똘이 어멈에게 국화술 담그는 법을 알려 줬어.

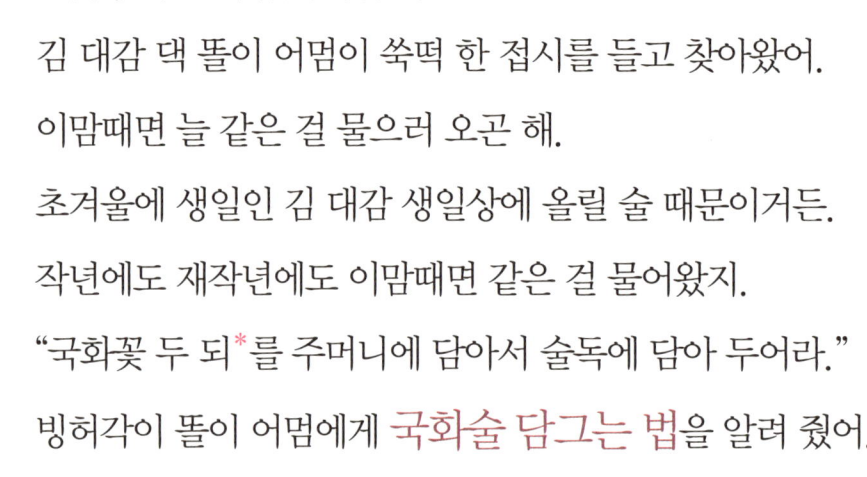

*되 | 곡식, 가루, 액체 따위의 부피를 재는 단위.

새색시 옥분이가 애를 가졌다고 해.
"**건강한 애**를 낳고 싶은데, 조심해야 할 게 무엇인가요?"
좋기도 하고 두렵기도 하니까 빙허각한테 물으러 온 거지.
"옷을 너무 덥게 입지 말고, 너무 배부르게 먹지 말고,
무거운 걸 들지 말게나."

어디 이뿐이겠어?

빙허각은 필요한 걸 두루 알려 주고 당부도 잊지 않았지.

'한곳에 적어서 두루 나누면 참 좋겠구나.'

옥분이가 간 뒤 빙허각은 잠시 생각에 잠겼어.

빙허각은 읽은 것, 겪은 것, 생각한 것, 실험해 본 것을 죄다 정리했어.
"이것도 유익하겠구나."
뱃속 아기 교육부터 아플 때 응급처치 하는 법도 적었어.
"이것도 필요할 때가 있을 거야."
집안 귀신 쫓는 법까지 빼놓지 않았어.
옛글을 구해보고, 이 책 저 책 펼쳐보고, 이 내용 저 내용 따져보고,
궁금한 게 생기면 또 책을 폈어.

"내가 내용이 비슷한 것끼리 정리해 주겠소."
믿음직한 남편이 나섰어.
지금껏 빙허각이 적어둔 것을
책으로 묶기로 했거든.
두 사람은 힘을 합했지.

똘이 어멈이 묻던 음식 관련 내용도,
집안일 하는 법도 따로 모았어.
옥분이가 묻던 출산 관련 내용도,
농사짓는 방법도 빼놓지 않았지.
그 밖의 것들은 그것대로 각각 정리했어.

"여러분을 위해 그동안 모아 온 기록을 소개하려고 합니다."
사람들 앞에 선 빙허각을 남편이 자랑스럽게 바라봤어.
"이 책의 내용은 건강에 주의하고, 집안을 잘 다스리고,
실생활에서 도움을 받기 위한 것들이에요."
다들 이 책의 내용이 궁금하다는 표정이야.
똘이 어멈도 옥분이도 더는 빙허각을 찾아오지 않아도 돼.
이 책 속에 다 있거든.
빙허각 남편은 이 책에 '규합총서'라는 이름을 붙였어.
총서는 책을 모아 놓은 것에 붙이는 이름이야.

여자들 여럿이 모여 책을 돌려보고 있어.

"이 책 모르는 아낙들은 없을 거야. 다 외울 정도라니까."

"어디 아녀자들뿐인가."

집 주인도 이 책을 들고 이렇게 중얼거렸어.

"두고두고 물려줄 거야. 딸도 주고, 손녀도 주고, 증손녀도."

"어이쿠, 몇백 년 살 건가 보네."

"나야 죽더라도 책은 남을 테니까."

너도나도 책을 베끼려고 했지.

빙허각은 오늘도 또 책을 펴들고 앉았어.

"책이란 자고로 실제 생활에 보탬이 되고 여러 사람을 위해 쓰여야지."

못 말리는 빙허각 이씨지?

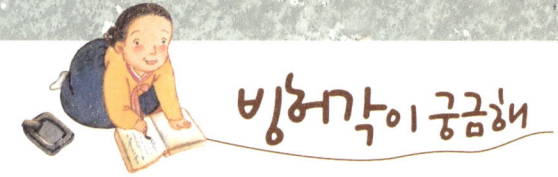

1. 빙허각 이씨는 누구야?

　빙허각 이씨(1759~1824)는 종합백과사전『규합총서』를 쓴 조선시대 여성 실학자야. 빙허각의 아버지 이창수는 이조판서, 판돈령부사라는 으뜸 벼슬을 지냈는데, 딸을 무척 사랑했다고 해. 평소 어린 빙허각을 불러서『소학』이나『시경』등을 읽어 주었어. 빙허각 또한 아버지의 가르침을 즐거워하며 학문에 열심이었지. 총명한 어린 딸이 자랑스러운 아버지는 지인들에게 늘 딸을 자랑했다고 해. 빙허각이 평생 책을 가까이하고, 또 책을 쓸 수 있었던 것에는 이러한 아버지의 사랑과 교육이 영향을 미쳤을 거야.

　빙허각은 실제 이름이 무엇인지는 알려지지 않고, '아무것도 없는 문설주에 기댄다'는 뜻의 호인 빙허각으로 불렸어. 왜 하필 이런 뜻의 호를 붙였는지 궁금하다고? 아마도 과거시험을 보거나 관직을 얻을 수도 없는 조선시대 여성의 처지를 말하고자 했던 거 같아. 빙허각 스스로 자신의 호를 지었다고 전해지거든. 빙허각이 지은 책은『규합총서』외에도『빙허각시집』,『청규박물지』등이 남아 있어.

▲ 빙허각 이씨 〈규합총서〉, 국립중앙도서관 소장

2. 빙허각의 가족도 유명하다고?

빙허각은 학문과 관직으로 널리 알려진 명문 전주 이씨 집안에서 태어났어. 빙허각의 오빠 이병정은 홍문관제학과 이조판서를 지냈고, 빙허각의 외숙모는 『태교신기』를 지은 사주당 이씨야. 게다가 빙허각의 외가는 당시 실학과 고증학 분야에서 인정을 받을 정도로 유명했지. 시댁인 달성 서씨 가문 역시 학문으로 유명했는데, 시할아버지 서명응은 대제학*을, 작은할아버지 서명선은 정조 때 영의정을 한 인물이야. 시아버지 서호수 역시 『해동농서』를 지은 학자이고. 빙허각의 남편은 어땠냐고? 서유본도 수학과 천문학에 뛰어난 학자였어. 또, 농업, 수산업, 축산업, 건축, 지리, 원예, 요리 등 다양한 분야의 지식이 담긴 종합 경제 이론서인 『임원경제지』를 쓴 실학자 서유구는 빙허각의 시동생으로, 어릴 때 빙허각에게 학문을 배우기도 했어. 참 대단한 집안이지?

*대제학 | 조선시대 홍문관·예문관에 소속된 정2품 관직. 대제학은 학자로서 최고의 명예로 여길 만큼 권위가 있어서, 같은 정이품인 삼정승이나 육조(六曹) 판서보다도 높이 대우하였다.

3. 『규합총서』에는 어떤 내용이 들어 있어?

『규합총서』는 모두 다섯 권으로 나뉘는데, 누구나 쉽게 읽을 수 있도록 순 한글로 기록한 책이야.

1권은 '주사(식)의'로, 먹고 마시는 것에 대한 이야기야. 음식에 대한 예절부터 주식, 부식, 후식, 술, 양념, 저장 음식에 대한 내용이 자세히 담겨 있어.

2권은 '봉임칙'으로, 여성들이 가정을 꾸려나가는 데 중요한 것들을 적은 거야. 길쌈*, 옷 만드는 법, 물들이는 법, 수놓는 법, 누에치기, 그릇 때우는 법과 기타 다양한 상식에 대한 내용이 들어 있지.

3권은 '산가락'으로, 논농사, 밭농사를 짓고, 꽃과 대나무 등을 기르는 것부터, 가축 기르기 등 시골에서 사는 방법에 대한 내용이야.

4권은 '청낭결'로, 건강에 대한 이야기를 다뤄. 질병 관리, 태교하는 법, 아기 기르는 법, 구급법 등 여러 가지 상식이 담겨 있어.

5권은 '술수략'으로, 사는 곳을 깨끗이 하는 법과 재난 방지법, 귀신 쫓는 법 등을 적은 내용이야.

『규합총서』는 빙허각의 인생 경험과 책을 통해 얻은 지식이 고스란히 담겨 있을 뿐 아니라, 훗날 모든 사람이 유용하게 쓸 수 있도록 기록으로 남기고자 했던 여성 실학자의 고귀한 정신이 담겨 있어. 실제로 이 책을 읽고 실생활에 도움을 받았을 수많은 사람들을 생각한다면, 책 한 권의 힘이 얼마나 중요한지 짐작할 수 있겠지? 200년이 지난 지금도 이 책에 담긴 내용은 우리 생활에서 아주 유용하게 쓰이고 있으니 말이야.

***길쌈** | 실을 내어 옷감을 짜는 모든 일을 통틀어 이르는 말.

조선시대 장서가와 여성 작가들

4. 조선시대 장서가들에 대해 알려줘.

빙허각 이씨의 시댁인 달성 서씨 가문은 대를 이어서 책을 수집하는 집안이었어. 빙허각의 시할아버지는 서명응은 중국 북경에서 직접 책을 사 왔고, 시아버지 서호수 또한 수학, 천문학 분야의 책을 많이 갖고 있었다고 해. 재산이 넉넉한 탓에 서씨 가문의 자손들은 자기가 보고 싶은 책을 계속 수집하여 개인 서재를 꾸밀 정도였다니 참 부럽지 뭐야? 서호수는 아들들이 부유한 집안에 기대어 단순히 책만 모으지 않고, 책을 열심히 읽고 학문에 최선을 다하도록 늘 훈계했다고 해.

이외에도 실학자 이덕무(1741~1793)는 최고의 독서가로 알려졌어. 자기 자신을 책에 미친 바보(간서치)라고 말할 정도였으니까. 조선시대 장서가로 알려진 유희춘(1513~1577)이라는 사람은 책을 얼마나 좋아했는지 몰라. 없는 책은 빌려서 베끼고, 지방 고을 수령에게 편지를 보내 그곳의 목판으로 찍어 달라고 했대. 또, 중국으로 가는 사람이 있으면 북경 서점에서 책을 사 오라고 부탁하고, 왕에게 직접 책을 하사받기도 했고. 책을 직접 글로 옮겨 적는 필사도 마다하지 않는 사람이라면 장서가를 넘어서 애서가라고 할 만하지? 지금은 어디서나 책을 쉽게 접할 수 있어서일까. 책을 귀하게 여기고 가까이하는 사람들이 점점 줄어들고 있는 거 같아. 참 안타까운 일이지?

5. 조선시대 여성 작가들은 또 누가 있어?

먼저 천재 여류시인 허난설헌(1563~1589)을 들 수 있지. 남성 중심 사회 체계가 확고해지던 조선 중기에 허난설헌은 오로지 자신의 시적 재능만으로 우뚝 선 위대한 여성 작가이지. 이미 8세 때 〈광한전백옥루상량문〉이라는 한시를 지어 주변을 놀라게 했는데, 사실 아버지 허엽부터 오빠 허봉, 동생 허균까지 모두 글 잘 쓰기로 유명했어. 훗날 허난설헌이 일찍 세상을 떠나자, 동생 허균은 누이가 남긴 시들을 모아 『난설헌집』을 펴냈어. 개인적으로는 불행한 삶을 살았지만, 허난설헌의 시는 일본과 중국에서 큰 인기를 끌었고, 당대 문인들 또한 극찬을 아끼지 않았다고 해.

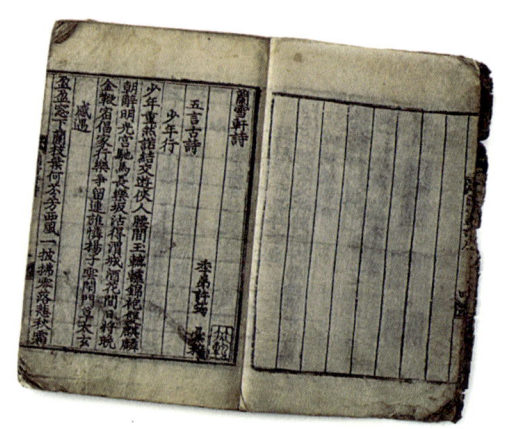
▲ 허난설헌 〈난설헌집〉, 강릉시립박물관 소장

사도세자의 아내로 잘 알려진 혜경궁 홍씨(1735~1815)는 『한중록』을 남겼어. 이 책은 혜경궁 홍씨가 궁에서 직접 겪었던 사건들을 순 한글로 기록한 것으로, 총 6권으로 구성되어 있어. 혜경궁 홍씨는 남편인 사도세자가 뒤주에 갇혀 죽은 참변을 비롯하여 당시 파란만장했던 정치적 사건과 자신의 생각 등을 뛰어난 문장력으로 풀어냈어. 이 책은 조선시대 대표 궁중문학 작품 중 하나로 손꼽혀.

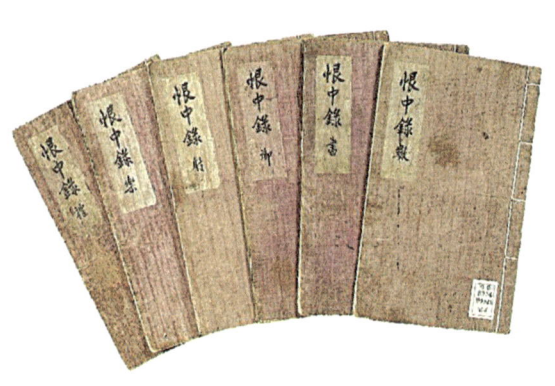
▲ 혜경궁 홍씨 〈한중록〉, 서울대학교규장각 소장

또, 빙허각 이씨의 외숙모이자 『태교신기』를 쓴 사주당 이씨(1739~1821)가 있어. 사주당 이씨는 어머니 배 속에 있는 동안 아이의 품성이 결정된다고 생각했어. 따라서 태교가 출생 후에 이루어지는 교육보다 중요하다는 것을 알리기 위해 이 책을 썼다고 해. 이 책은 훌륭한 성품을 가진 아기가 태어나려면 무엇보다 어머니의 마음가짐과 태아의 환경이 중요하다고 강조하고 있어.

마지막으로 여성 성리학자 임윤지당(1721~1793)은 '남성과 여성은 현실에 처한 입장만 다를 뿐 타고난 본성은 다르지 않다.'고 생각했어. 윤지당은 『대학』이나 『중용』 등 어려운 유교 경전을 새롭게 해석하고, 역대의 정치가나 학자를 호되게 비판할 정도로 담대했어. 그리고 여성 문학사를 대표하는 문집 『윤지당유고』를 남겼지.